Impressum
Verlag: BABADADA GmbH, Nedderfeld 112 , 22529 Hamburg
Geschäftsführer / Verlagsleitung: Harald Hof
Druck: Books on Demand GmbH, In de Tarpen 42, 22848 Norderstedt

Imprint
Publisher: BABADADA GmbH, Nedderfeld 112 , 22529 Hamburg, Germany
Managing Director / Publishing direction: Harald Hof
Print: Books on Demand GmbH, In de Tarpen 42, 22848 Norderstedt, Germany

Schule

בית ספר

Klassenzimmer
כיתה
dividieren
חילק
186/2
Tafel
לוח
Schulhof
Lehrer
מורה
Papier
נייר
schreiben
כתב
Stift
עט
Schreibtisch
שולחן עבודה
Lineal
סרגל
Buch
ספר
Schüler
תלמיד

Ranzen

ילקוט

Federmappe

קלמר

Bleistift

עיפרון

Bleistiftanspitzer

מחדד

Radiergummi

גומי מחיקה

Zeichenblock

חוברת סרטוט

Zeichnung

סרטוט

Pinsel

מברשת

Malkasten

קופסת צבעים

Schere

מספריים

Klebstoff

דבק

Übungsheft

ספר תרגול

Hausaufgabe

שיעור בית

Zahl

מספר

addieren

חיבר

subtrahieren

חיסר

multiplizieren

הכפיל

rechnen

חישב

Buchstabe

אות

Alphabet

אלפבית

Wort

מילה

Text

טקסט

lesen

קרא

Kreide

גיר

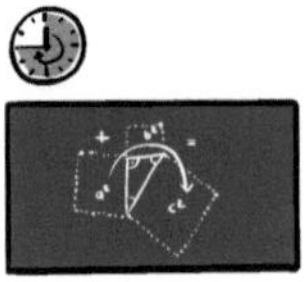

Stunde

שיעור

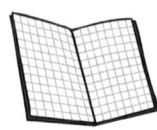

Klassenbuch

יומן נוכחות

Prüfung

מבחן

Zeugnis

תעודה

Schuluniform

תלבושת בית ספר

Ausbildung

חינוך

Lexikon

אנציקלופדיה

Universität

אוניברסיטה

Mikroskop

מיקרוסקופ

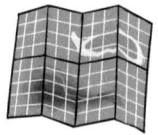

Karte

מפה

Papierkorb

סל נייר

Reise

נסיעה

Hotel
מלון
Grand
Herberge
הוסטל
ROOMS
Wechselstube
המרת מטבע
Koffer
מזוודה
Auto
אוטו

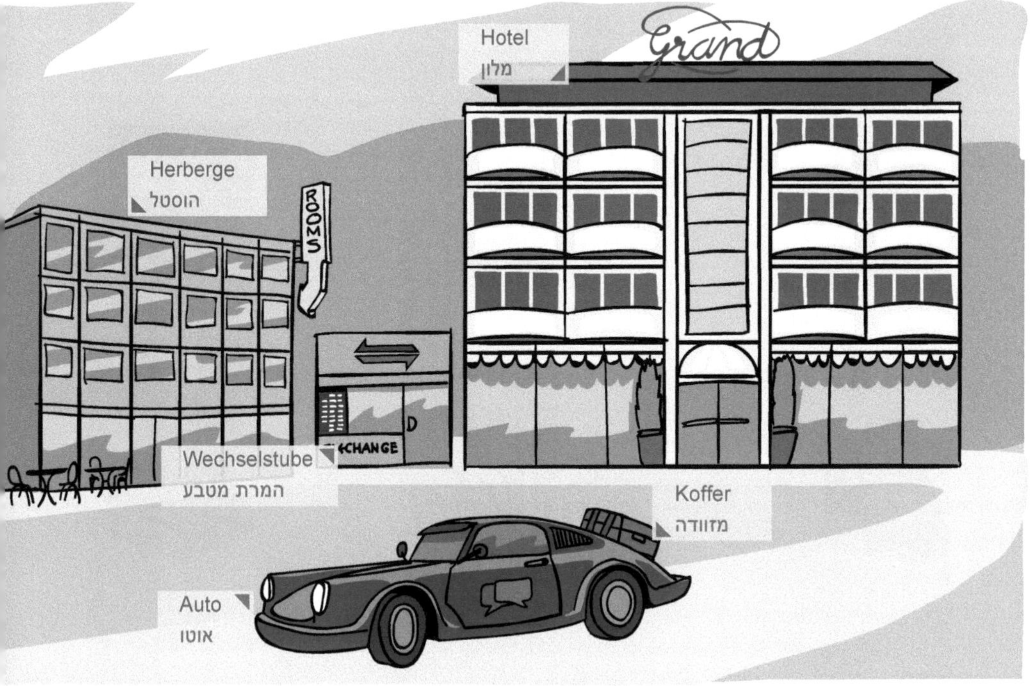

Sprache
שפה

ja / nein
כן / לא

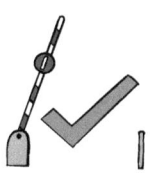

Okay
בסדר

Hallo
שלום

Übersetzer
מתרגם

Danke
תודה

Was kostet...?

כמה עולה.....?

Ich verstehe nicht

אני לא מבין

Problem

בעיה

Guten Abend!

ערב טוב!

Guten Morgen!

בוקר טוב!

Gute Nacht!

לילה טוב!

Auf Wiedersehen

להתראות

Richtung

כיוון

Gepäck

כבודה

Tasche

תיק

Rucksack

תרמיל גב

Gast

אורח

Zimmer

חדר

Schlafsack

שק שינה

Zelt

אוהל

Touristeninformation

מרכז מידע לתיירים

Strand

חוף ים

Kreditkarte

כרטיס אשראי

Frühstück

ארוחת בוקר

Mittagessen

ארוחת צהריים

Abendessen

ארוחת ערב

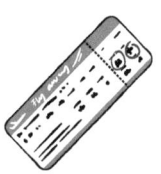

Fahrkarte

כרטיס

Fahrstuhl

מעלית

Briefmarke

בול

Grenze

גבול

Zoll

מכס

Botschaft

שגרירות

Visum

אשרה

Pass

דרכון

Transport

תחבורה

Flugzeug
מטוס
Schiff
אונייה
Feuerwehrauto
כבאית
Bus
אוטובוס
Lastwagen
משאית
Motorboot
סירת מנוע
Fahrrad
אופניים
Auto
אוטו

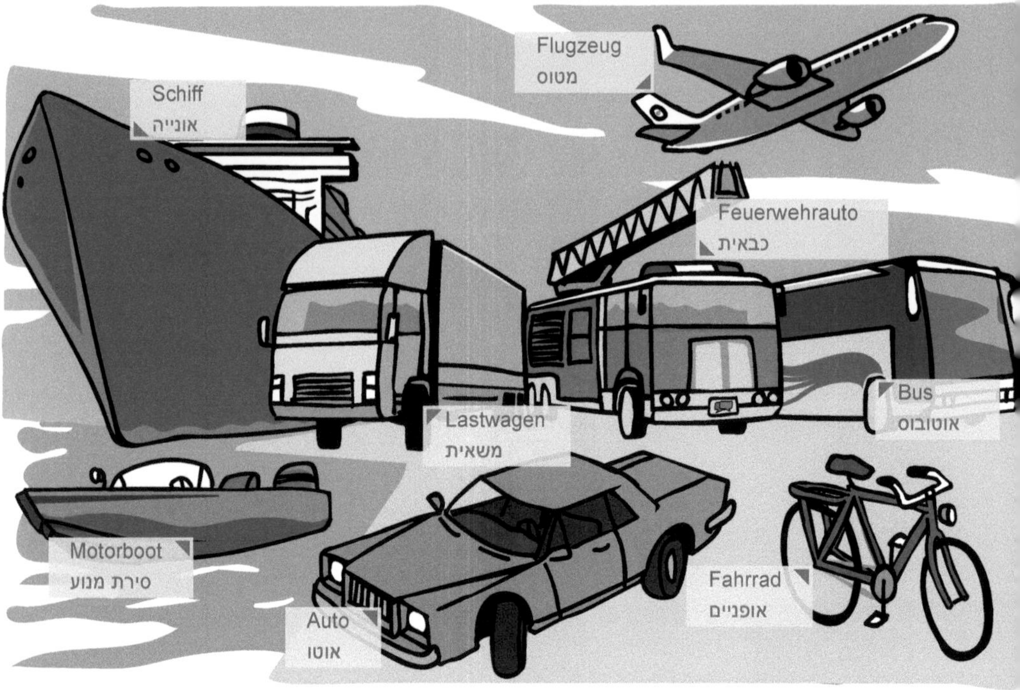

Fähre

מעבורת

Boot

סירה

Motorrad

אופנוע

Polizeiauto

ניידת משטרה

Rennauto

מכונית מרוץ

Mietwagen

רכב שכור

Carsharing

מכוניות בשיתוף

Abschleppwagen

אוטו גרר

Müllauto

משאית זבל

Motor

מנוע

Kraftstoff

דלק

Tankstelle

תחנת דלק

Verkehrsschild

תמרור

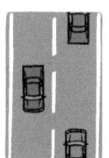

Verkehr

תנועה

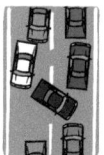

Stau

פקק תנועה

Parkplatz

חניה

Bahnhof

תחנת רכבת

Schienen

פסי רכבת

Zug

רכבת

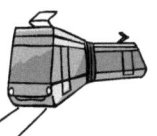

Straßenbahn

רכבת קלה

Wagon

קרון

Helikopter

מסוק

Flughafen

שדה-תעופה

Tower

מגדל

Passagier

נוסע

Container

קונטיינר

Karton

קרטון

Karren

עגלה

Korb

סל

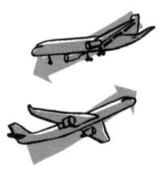

starten / landen

המראה / נחיתה

Stadt

עיר

Dorf

כפר

Stadtzentrum

מרכז העיר

Haus

בית

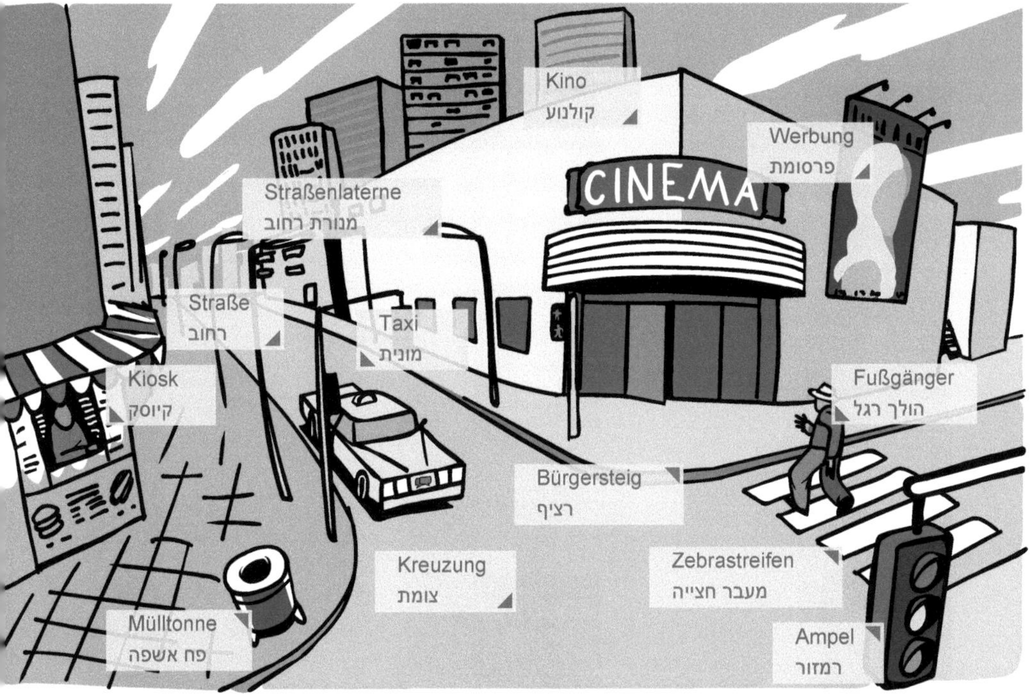

Kino
קולנוע

Werbung
פרסומת

Straßenlaterne
מנורת רחוב

CINEMA

Straße
רחוב

Taxi
מונית

Fußgänger
הולך רגל

Kiosk
קיוסק

Bürgersteig
רציף

Kreuzung
צומת

Zebrastreifen
מעבר חצייה

Mülltonne
פח אשפה

Ampel
רמזור

Hütte

בקתה

Wohnung

דירה

Bahnhof

תחנת רכבת

Rathaus

עירייה

Museum

מוזיאון

Schule

בית ספר

Universität

אוניברסיטה

Bank

בנק

Krankenhaus

בית חולים

Hotel

מלון

Apotheke

בית מרקחת

Büro

משרד

Buchhandlung

חנות ספרים

Geschäft

חנות

Blumenladen

חנות פרחים

Supermarkt

סופרמרקט

Markt

שוק

Kaufhaus

כל-בו

Fischhändler

מוכר דגים

Einkaufszentrum

קניון

Hafen

נמל

Park

פארק

Bank

ספסל

Brücke

גשר

Treppe

מדרגות

U-Bahn

רכבת תחתית

Tunnel

מנהרה

Bushaltestelle

תחנת אוטובוס

Bar

בר

Restaurant

מסעדה

Briefkasten

תא דואר

Straßenschild

שלט רחוב

Parkuhr

מדחן

Zoo

גן חיות

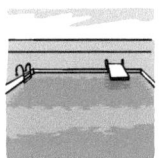

Badeanstalt

בריכת שחיה

Moschee

מסגד

Bauernhof

חווה

Umweltverschmutzung

זיהום

Friedhof

בית עלמין

Kirche

כנסייה

Spielplatz

מגרש משחקים

Tempel

בית מקדש

Landschaft

נוף

Blatt
עלה

Wegweiser
תמרור

Weg
דרך

Wiese
מרעה

Stein
אבן

Baum
עץ

Wanderer
מטייל

Fluss
נהר

Gras
דשא

Blume
פרח

Tal

בקעה

Berg

הר

See

אגם

Wald

יער

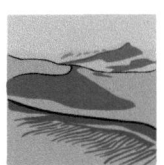

Wüste

מדבר

Vulkan

הר געש

Schloss

טירה

Regenbogen

קשת בענן

Pilz

פטריה

Palme

דקל

Moskito

יתוש

Fliege

זבוב

Ameise

נמלה

Biene

דבורה

Spinne

עכביש

Käfer

חיפושית

Frosch

צפרדע

Eichhörnchen

סנאי

Igel

קיפוד

Hase

ארנב

Eule

ינשוף

Vogel

ציפור

Schwan

ברבור

Wildschwein

חזיר בר

Hirsch

צבי

Elch

אייל הקורא

Staudamm

סכר

Windrad

טורבינת רוח

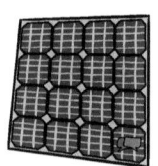

Solarmodul

פנל סולארי

Klima

אקלים

Restaurant

מסעדה

Kellner
מלצר
Speisekarte
תפריט
Stuhl
כסא
Suppe
מרק
Pizza
פיצה
Besteck
סכו"ם
Tischdecke
מפת שולחן

Vorspeise
מנת פתיחה

Hauptgericht
מנה עיקרית

Nachspeise
קינוח

Getränke
שתיות

Essen
אוכל

Flasche
בקבוק

Fastfood

מזון מהיר

Streetfood

אוכל רחוב

Teekanne

קנקן תה

Zuckerdose

מסכרת

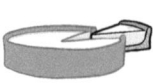

Portion

מנה

Espressomaschine

מכונת אספרסו

Hochstuhl

כסא תינוק

Rechnung

חשבון

Tablett

מגש

Messer

סכין

Gabel

מזלג

Löffel

כף

Teelöffel

כפית

Serviette

מפית

Glas

כוס

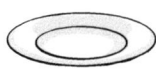

Teller

צלחת

Suppenteller

קערת מרק

Untertasse

תחתית

Sauce

רוטב

Salzstreuer

מלחייה

Pfeffermühle

מטחנת פלפל

Essig

חומץ

Öl

שמן

Gewürze

תבלינים

Ketchup

קטשופ

Senf

חרדל

Mayonnaise

מיונז

Supermarkt

סופרמרקט

Angebot
מבצע
Kunde
לקוח
Milchprodukte
מוצרי חלב
Obst
פירות
Einkaufswagen
עגלת קניות

Schlachterei
אטליז

Bäckerei
מאפייה

wiegen
שקל

Gemüse
ירקות

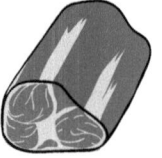

Fleisch
בשר

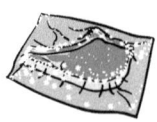

Tiefkühlkost
מזון קפוא

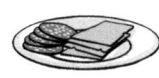

Aufschnitt

....

בשר קר

Konserven

....

שימורים

Waschmittel

....

אבקת כביסה

Süßigkeiten

....

ממתקים

Haushaltsartikel

....

מוצרי בית

Reinigungsmittel

....

חומר ניקוי

Verkäuferin

....

מוכרת

Kasse

....

קופה

Kassierer

....

קופאי

Einkaufsliste

....

רשימת קניות

Öffnungszeiten

....

שעות פתיחה

Brieftasche

....

ארנק

Kreditkarte

....

כרטיס אשראי

Tasche

....

תיק

Plastiktüte

....

שקית נילון

Getränke

שתיות

Wasser

מים

Saft

מיץ

Milch

חלב

Cola

קולה

Wein

יין

Bier

בירה

Alkohol

אלכוהול

Kakao

קקאו

Tee

תה

Kaffee

קפה

Espresso

אספרסו

Cappuccino

קפוצ'ינו

Banane

בננה

Apfel

תפוח

Orange

תפוז

Melone

אבטיח

Zitrone

לימון

Karotte

גזר

Knoblauch

שום

Bambus

במבוק

Zwiebel

בצל

Pilz

פטריות

Nüsse

אגוזים

Nudeln

אטריות

Spaghetti

ספגטי

Reis

אורז

Salat

סלט

Pommes frites

צ'יפס

Bratkartoffeln

צ'יפס

Pizza

פיצה

Hamburger

המבורגר

Sandwich

כריך

Schnitzel

שניצל

Schinken

שינקין

Salami

סלאמי

Wurst

נקניקיה

Huhn

עוף

Braten

טיגון

Fisch

דג

Haferflocken

שיבולת שועל

Müsli

מוזלי

Cornflakes

קורנפלקס

Mehl

קמח

Croissant

קרואסון

Brötchen

לחמנייה

Brot

לחם

Toast

טוסט

Kekse

עוגיות

Butter

חמאה

Quark

גבינה לבנה

Kuchen

עוגה

Ei

ביצה

Spiegelei

ביצת עין

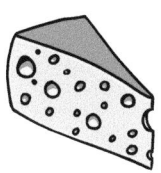

Käse

גבינה

Eiscreme

גלידה

Zucker

סוכר

Honig

דבש

Marmelade

ריבה

Nougat-Creme

ממרח נוגט

Curry

קארי

Bauernhof

חווה

Scheune
אסם
Strohballen
חבילת שחת
Feld
שדה
Pferd
סוס
Anhänger
עגלת נגרר
Traktor
טרקטור
Fohlen
סייח
Esel
חמור
Schaf
כבש
Lamm
טלה

Ziege
עז

Kuh
פרה

Kalb
עגל

Schwein
חזיר

Ferkel
חזרזיר

Bulle
שור

Gans

אווז

Ente

ברווז

Küken

אפרוח

Huhn

תרנגולת

Hahn

תרנגול

Ratte

חולדה

Katze

חתול

Maus

עכבר

Ochse

שור

Hund

כלב

Hundehütte

מלונה

Gartenschlauch

צינור השקיה

Gießkanne

קנקן מים

Sense

חרמש

Pflug

מחרשה

Sichel

מגל

Hacke

מגרפה

Mistgabel

קלשון

Axt

גרזן

Schubkarre

מריצה

Trog

שוקת

Milchkanne

כד חלב

Sack

שק

Zaun

גדר

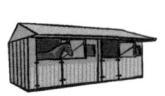

Stall

אורווה

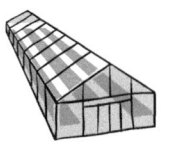

Treibhaus

חממה

Boden

אדמה

Saat

זרע

Dünger

דשן

Mähdrescher

מקצרה

ernten

קצר

Ernte

קציר

Yamswurzel

בטטה אפריקנית

Weizen

חיטה

Soja

סויה

Kartoffel

תפוח אדמה

Mais

תירס

Raps

קנולה

Obstbaum

עץ פירות

Maniok

קסבה

Getreide

דגנים

Haus

בית

Schornstein
ארובה
Dach
גג
Regenrinne
מרזב
Fenster
חלון
Garage
מוסך
Klingel
פעמון
Tür
דלת
Mülleimer
פח אשפה
Briefkasten
תיבת מכתבים
Garten
גינה

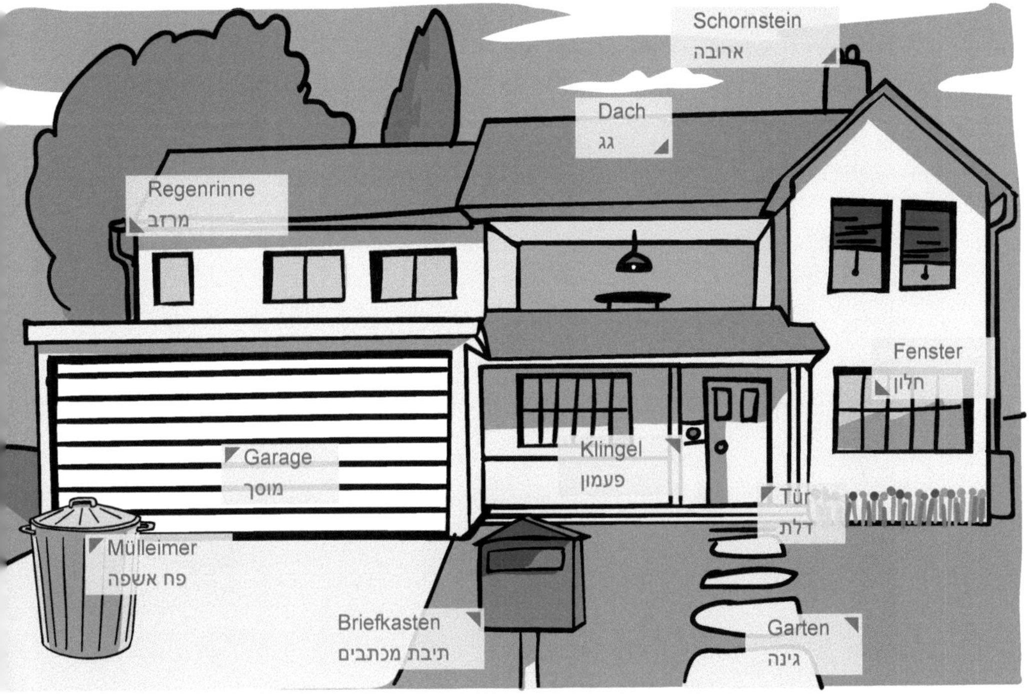

Wohnzimmer
....
סלון

Badezimmer
....
חדר אמבטיה

Küche
....
מטבח

Schlafzimmer
....
חדר שינה

Kinderzimmer
....
חדר ילדים

Esszimmer
....
חדר אוכל

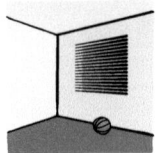

Boden

רצפה

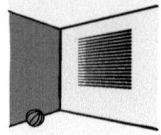

Wand

קיר

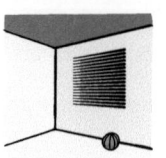

Decke

תקרה

Keller

מרתף

Sauna

סאונה

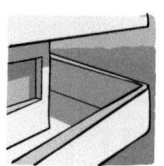

Balkon

מרפסת

Terrasse

מרפסת

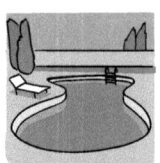

Schwimmbad

בריכה

Rasenmäher

מכסחת דשא

Bettbezug

סדין

Bettdecke

כיסוי מיטה

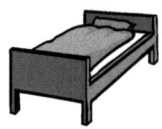

Bett

מיטה

Besen

מטאטא

Eimer

דלי

Schalter

מפסק

Wohnzimmer
סלון

Tapete
טפט
Bild
תמונה
Lampe
מנורה
Regal
מדף
Schrank
ארון
Fernseher
טלוויזיה
Kamin
אח
Blume
פרח
Kissen
כרית
Sofa
ספה
Vase
אגרטל
Fernbedienung
שלט רחוק

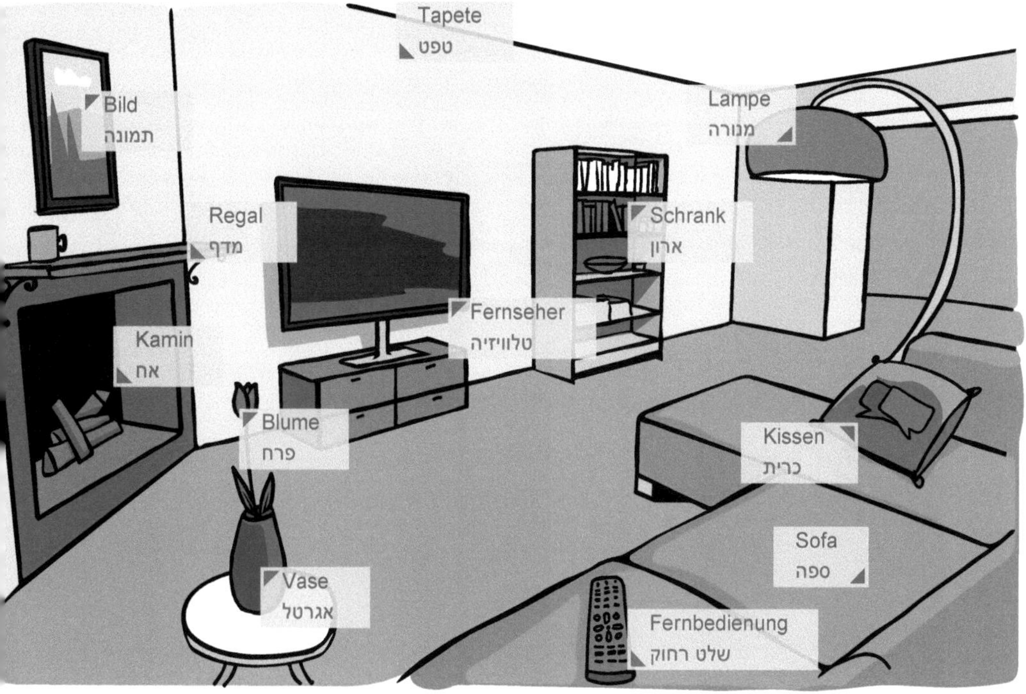

Teppich
שטיח

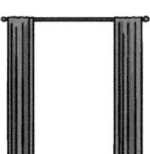

Vorhang
וילון

Tisch
שולחן

Stuhl
כסא

Schaukelstuhl
כיסא נדנדה

Sessel
כורסה

Buch

ספר

Decke

שמיכה

Dekoration

דקורציה

Feuerholz

עצי הסקה

Film

סרט

Stereoanlage

מערכת סטריאו

Schlüssel

מפתח

Zeitung

עיתון

Gemälde

ציור

Poster

פוסטר

Radio

רדיו

Notizblock

מחברת

Staubsauger

שואב אבק

Kaktus

קקטוס

Kerze

נר

Küche
מטבח

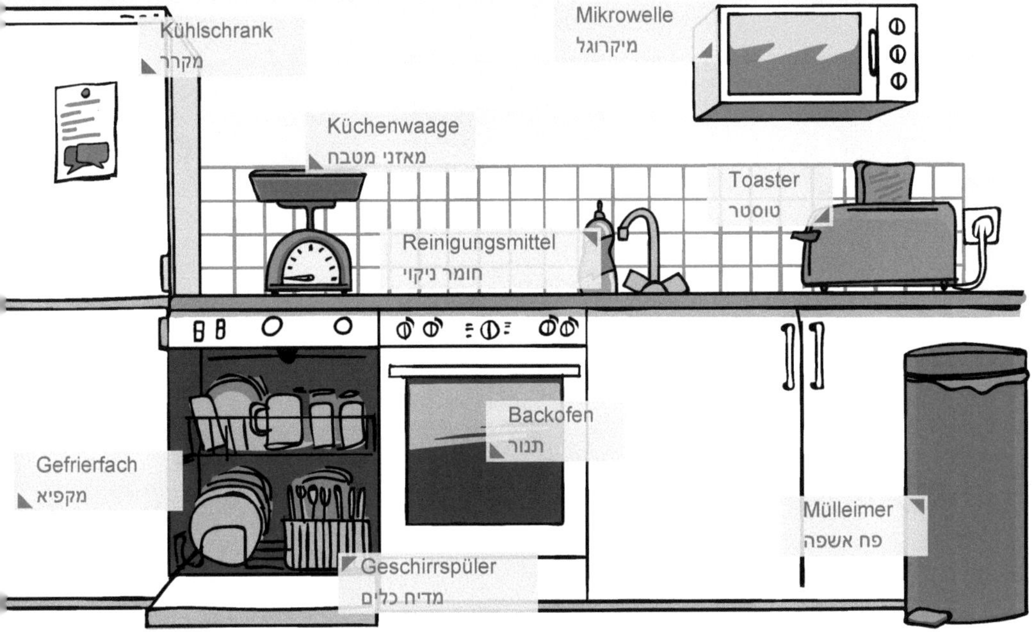

Kühlschrank
מקרר
Mikrowelle
מיקרוגל
Küchenwaage
מאזני מטבח
Toaster
טוסטר
Reinigungsmittel
חומר ניקוי
Backofen
תנור
Gefrierfach
מקפיא
Mülleimer
פח אשפה
Geschirrspüler
מדיח כלים

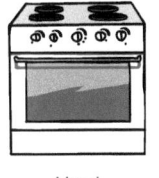

Herd
תנור

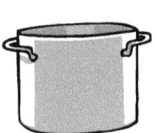

Topf
סיר

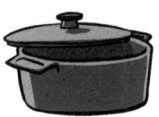

Eisentopf
סיר ברזל

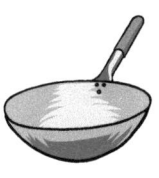

Wok / Kadai
ווק

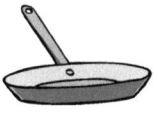

Pfanne
מחבת

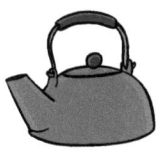

Wasserkocher
קומקום חשמלי

Dampfgarer

מאדה

Backblech

מגש אפייה

Geschirr

כלי אוכל

Becher

ספל

Schale

קערה

Essstäbchen

צ'ופסטיקס

Suppenkelle

מצקת

Pfannenwender

מרית

Schneebesen

מטרפה

Kochsieb

מסננת בישול

Sieb

מסננת

Reibe

מגרדת

Mörser

מכתש

Grill

גריל

Feuerstelle

מדורה

Schneidebrett

קרש חיתוך

Nudelholz

מערוך

Korkenzieher

פותחן פקקים

Dose

פחית

Dosenöffner

פותחן קופסאות

Topflappen

מטלית

Waschbecken

כיור

Bürste

מברשת

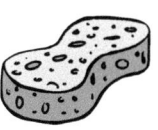

Schwamm

ספוג

Mixer

בלנדר

Gefriertruhe

מקפיא

Babyflasche

בקבוק לתינוק

Wasserhahn

ברז

Badezimmer

חדר אמבטיה

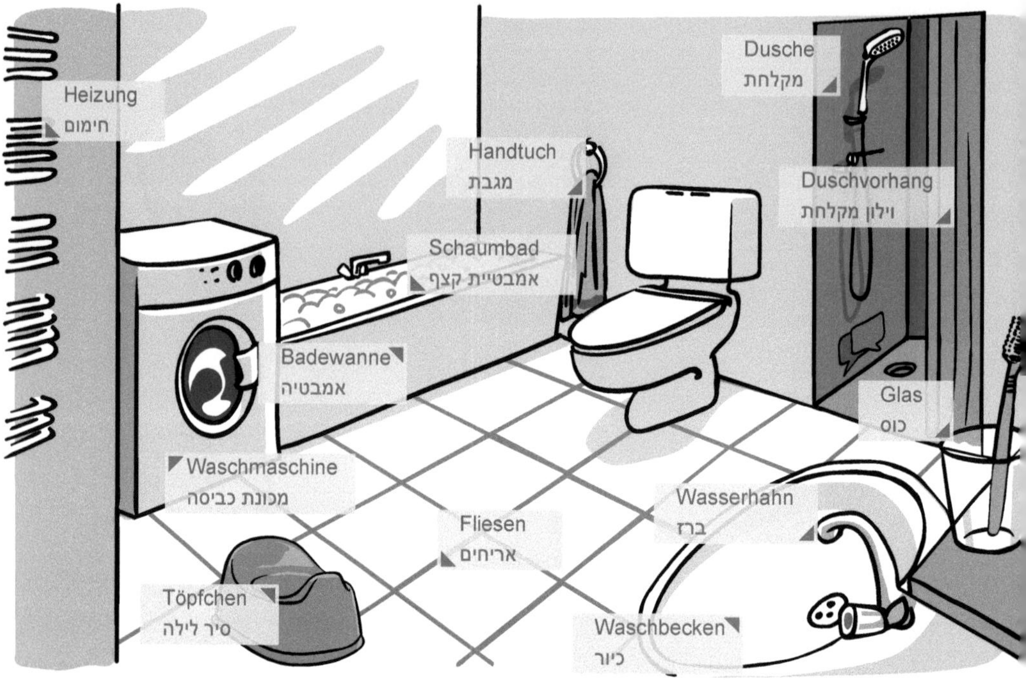

Heizung
חימום

Handtuch
מגבת

Dusche
מקלחת

Duschvorhang
וילון מקלחת

Schaumbad
אמבטיית קצף

Badewanne
אמבטיה

Glas
כוס

Waschmaschine
מכונת כביסה

Fliesen
אריחים

Wasserhahn
ברז

Töpfchen
סיר לילה

Waschbecken
כיור

Toilette	Hocktoilette	Bidet
אסלה	אסלת כריעה	בידה

Pissoir	Toilettenpapier	Toilettenbürste
משתנה	נייר טואלט	מברשת אסלה

Zahnbürste

מברשת שיניים

Zahnpasta

משחת שיניים

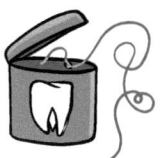

Zahnseide

חוט דנטלי

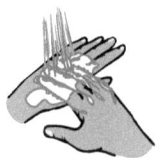

waschen

שטף

Handbrause

מקלחת יד

Intimdusche

צינור שטיפה לשירותים

Waschschüssel

קערת רחצה

Rückenbürste

מברשת גב

Seife

סבון

Duschgel

ג'ל רחצה

Shampoo

שמפו

Waschlappen

ליפה

Abfluss

ניקוז

Creme

קרם

Deodorant

דיאודורנט

Spiegel

מראה

Kosmetikspiegel

מראת יד

Rasierer

סכין גילוח

Rasierschaum

קצף גילוח

Rasierwasser

אפטרשייב

Kamm

מסרק

Bürste

מברשת

Föhn

מייבש שיעור

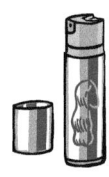

Haarspray

ספריי לשיער

Makeup

איפור

Lippenstift

שפתון

Nagellack

לק

Watte

צמר גפן

Nagelschere

מספריים לציפורניים

Parfum

בושם

Kulturbeutel

תיק כלי רחצה

Hocker

שרפרף

Waage

משקל

Bademantel

חלוק רחצה

Gummihandschuhe

כפפות גומי

Tampon

טמפון

Damenbinde

תחבושת סניטרית

Chemietoilette

שירותים כימיקליים

Kinderzimmer

חדר ילדים

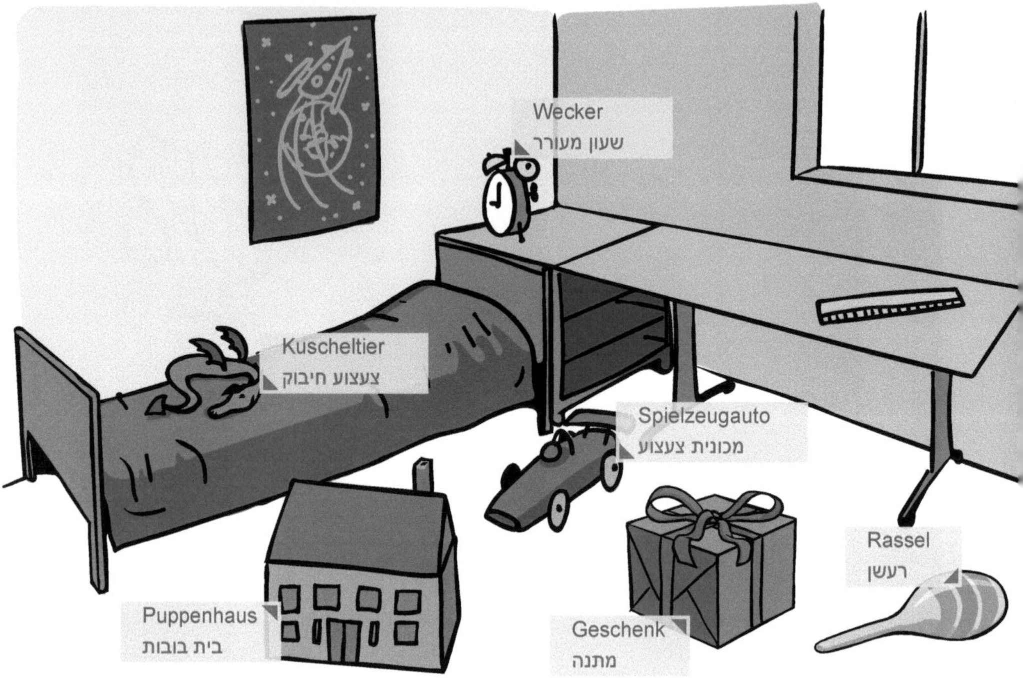

Wecker
שעון מעורר

Kuscheltier
צעצוע חיבוק

Spielzeugauto
מכונית צעצוע

Rassel
רעשן

Puppenhaus
בית בובות

Geschenk
מתנה

Ballon

בלון

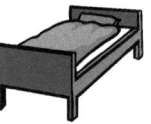

Bett

מיטה

Kinderwagen

עגלה

Kartenspiel

משחק קלפים

Puzzle

פאזל

Comic

קומיקס

Legosteine

לגו

Bausteine

קוביות משחק

Action Figur

דמות משחק

Strampelanzug

סרבל תינוקות

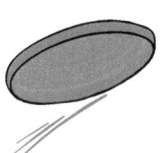

Frisbee

פריזבי

Mobile

נייד

Brettspiel

משחק לוח

Würfel

קוביה

Modelleisenbahn

רכבת צעצוע

Schnuller

מוצץ

Party

מסיבה

Bilderbuch

אלבום תמונות

Ball

כדור

Puppe

בובה

spielen

שיחק

Sandkasten

ארגז חול

Schaukel

נדנדה

Spielzeug

צעצועים

Spielkonsole

קונסולת משחקים

Dreirad

אופניים תלת גלגלי

Teddy

דובון

Kleiderschrank

ארון בגדים

Kleidung

בגדים

Socken

גרביים

Strümpfe

גרביונים

Strumpfhose

גרביון

Schal
צעיף
Regenschirm
Gürtel
חגורה
T-Shirt
חולצת טי
Stiefel
מגפיים
Hausschuhe
נעלי בית
Turnschuhe
נעלי ספורט

Sandalen

סנדלים

Schuhe

נעליים

Gummistiefel

מגפי גומי

Unterhose

תחתונים

Büstenhalter

חזייה

Unterhemd

וסט

Body

גוף

Hose

מכנסיים

Jeans

ג'ינס

Rock

חצאית

Bluse

חולצה מכופתרת

Hemd

חולצה

Pullover

אפודה

Kapuzenpullover

סווצ׳ר עם קפוצ׳ון

Blazer

בלייזר

Jacke

ז'קט

Mantel

מעיל

Regenmantel

מעיל גשם

Kostüm

תלבושת

Kleid

שמלה

Hochzeitskleid

שמלת כלה

Anzug

חליפה

Nachthemd

כותונת לילה

Schlafanzug

פיג'מה

Sari

סארי

Kopftuch

מטפחת ראש

Turban

טורבן

Burka

בורקה

Kaftan

קאפטן

Abaya

עבאיה

Badeanzug

בגד ים

Badehose

בגד ים

Kurze Hose

מכנסיים קצרים

Trainingsanzug

בגד אימון

Schürze

סינר

Handschuhe

כפפות

Knopf

כפתור

Brille

משקפיים

Armband

צמיד יד

Halskette

שרשרת

Ring

טבעת

Ohrring

עגיל

Mütze

כובע

Kleiderbügel

קולב

Hut

כובע

Krawatte

עניבה

Reißverschluss

רוכסן

Helm

קסדה

Hosenträger

כתפיות

Schuluniform

תלבושת בית ספר

Uniform

מדים

Lätzchen

מפית אוכל

Schnuller

מוצץ

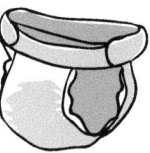

Windel

חיתול

Büro

משרד

Server
שרת
Aktenschrank
תיקייה
Drucker
מדפסת
Papier
נייר
Monitor
מסך
Maus
עכבר
Schreibtisch
שולחן עבודה
Ordner
תיק
Tastatur
מקלדת
Papierkorb
סל נייר
Computer
מחשב
Stuhl
כסא

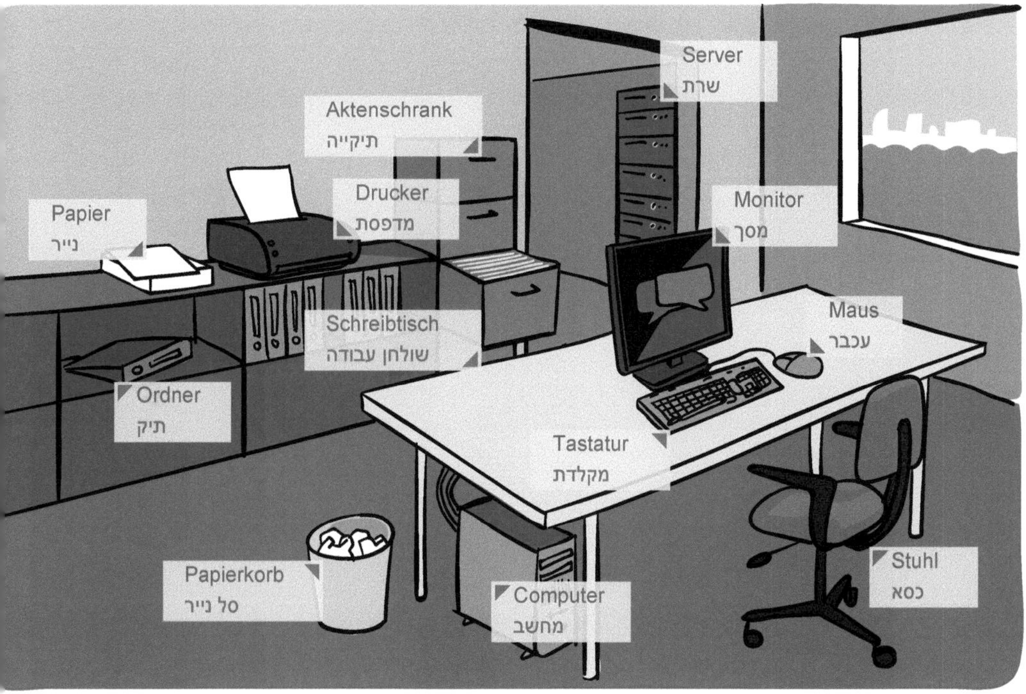

Kaffeebecher

ספל קפה

Taschenrechner

מחשבון

Internet

אינטרנט

Laptop

מחשב נייד

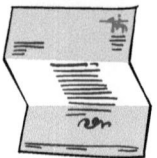

Brief

מכתב

Nachricht

הודעה

Handy

נייד

Netzwerk

רשת

Kopierer

מכונת צילום

Software

תוכנה

Telefon

טלפון

Steckdose

שקע

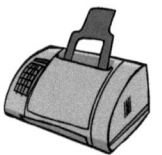

Fax

פקס

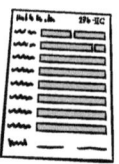

Formular

טופס

Dokument

מסמך

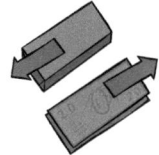

Wirtschaft
כלכלה

kaufen

קנה

bezahlen

שילם

handeln

סחר

Geld

כסף

Dollar

דולר

Euro

יורו

Yen

ין

Rubel

רובל

Franken

פרנק שווייצרי

Renminbi Yuan

יואן רנמינבי

Rupie

רופי

Geldautomat

כספומט

Wechselstube

המרת מטבע

Gold

זהב

Silber

כסף

Öl

נפט

Energie

אנרגיה

Preis

מחיר

Vertrag

חוזה

Steuer

מס

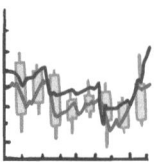

Aktie

מנייה

arbeiten

עבד

Angestellter

עובד

Arbeitgeber

מעסיק

Fabrik

מפעל

Geschäft

חנות

Berufe

מקצועות

Feuerwehrmann
כבאי
Polizist
שוטר
Koch
טבח
Arzt
רופא
Pilot
טייס

Gärtner

גנן

Tischler

נגר

Näherin

תופרת

Richter

שופט

Chemiker

כימאי

Schauspieler

שחקן

Busfahrer

נהג אוטובוס

Taxifahrer

נהג מונית

Fischer

דייג

Putzfrau

עובדת נקיון

Dachdecker

מתקן גגות

Kellner

מלצר

Jäger

צייד

Maler

צייר

Bäcker

אופה

Elektriker

חשמלאי

Bauarbeiter

עובד בניין

Ingenieur

מהנדס

Schlachter

קצב

Klempner

אינסטלטור

Postbote

דוור

Soldat

חייל

Architekt

אדריכל

Kassierer

קופאי

Florist

מוכר פרחים

Friseur

ספר

Schaffner

כרטיסן

Mechaniker

מכונאי

Kapitän

קברניט

Zahnarzt

רופא שיניים

Wissenschaftler

מדען

Rabbi

רב

Imam

אימאם

Mönch

נזיר

Geistlicher

כומר

Werkzeuge
כלי עבודה

Hammer
פטיש
Zange
צבת
Schraubendreher
מברג
Schraubenschlüssel
מפתח ברגים
Taschenlampe
פנס

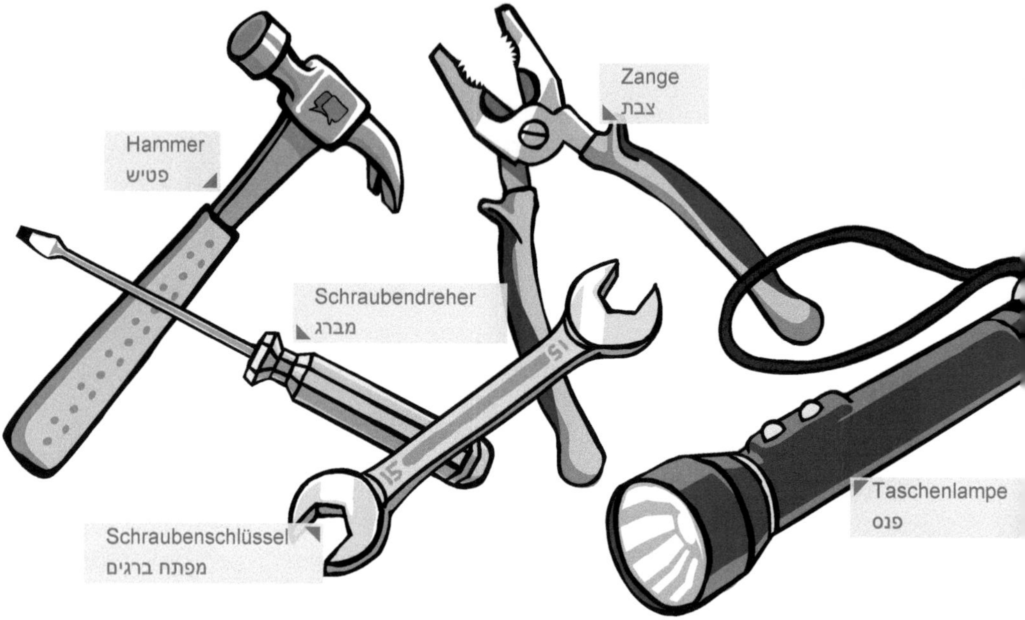

Bagger
דחפור

Werkzeugkasten
ארגז כלים

Leiter
סולם

Säge
מסור

Nägel
מסמרים

Bohrer
מקדחה

reparieren

תיקן

Schaufel

את חפירה

Mist!

לעזאזל!

Kehrblech

יעה

Farbtopf

פח צבע

Schrauben

ברגים

Musikinstrumente

כלי נגינה

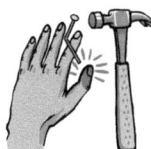

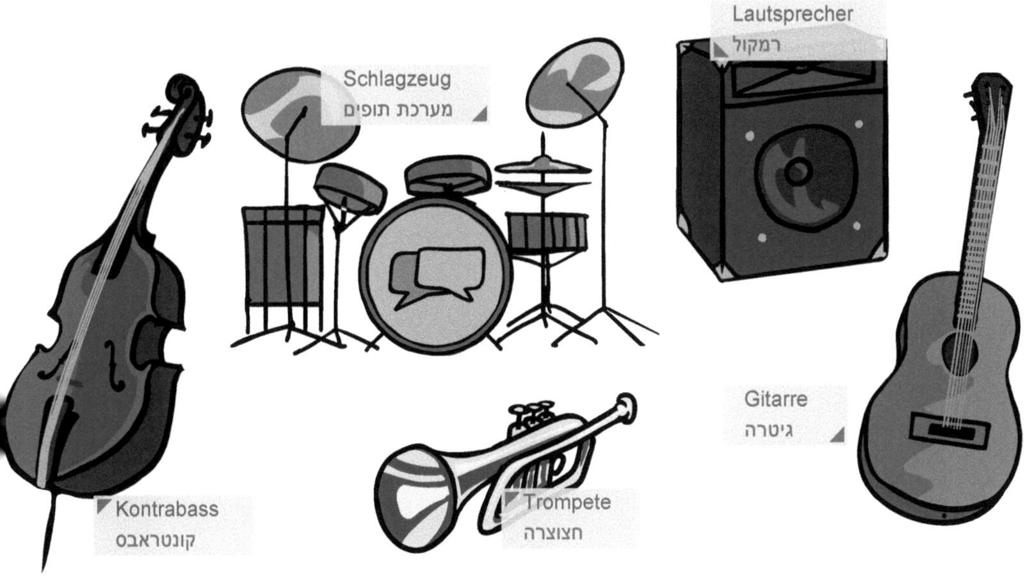

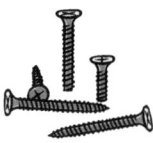

Lautsprecher
רמקול
Schlagzeug
מערכת תופים
Gitarre
גיטרה
Kontrabass
קונטראבס
Trompete
חצוצרה

Klavier

פסנתר

Violine

כינור

Bass

בס

Pauke

תוף הדוד

Trommeln

תופים

Keyboard

מקלדת פסנתר

Saxophon

סקסופון

Flöte

חליל

Mikrofon

מיקרופון

Zoo

גן חיות

Tiger
נמר
Eingang
כניסה
Käfig
כלוב
Zebra
זברה
Tierfutter
מזון לחיות
Panda
פנדה

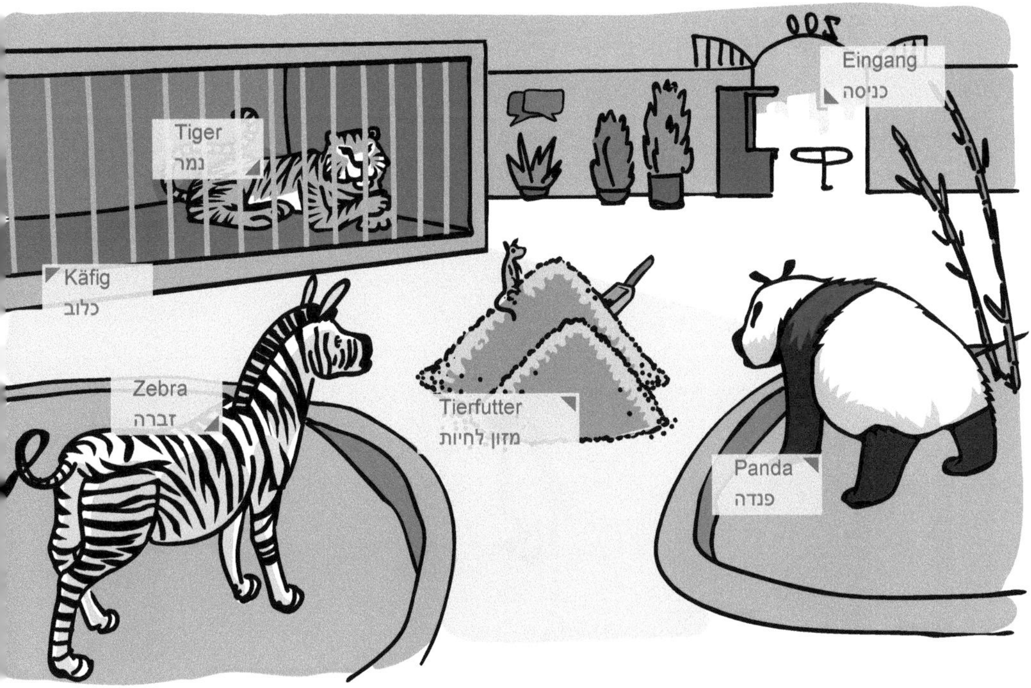

Tiere
בעלי חיים

Elefant
פיל

Känguru
קנגרו

Nashorn
קרנף

Gorilla
גורילה

Bär
דוב

Kamel

גמל

Strauß

יען

Löwe

אריה

Affe

קוף

Flamingo

פלמינגו

Papagei

תוכי

Eisbär

דוב הקרח

Pinguin

פינגווין

Hai

כריש

Pfau

טווס

Schlange

נחש

Krokodil

תנין

Zoowärter

שומר גן החיות

Robbe

כלב ים

Jaguar

יגואר

Pony

סוס פוני

Leopard

לאופרד

Nilpferd

היפופוטאם

Giraffe

ג'ירפה

Adler

נשר

Wildschwein

חזיר בר

Fisch

דג

Schildkröte

צב

Walross

סוס ים

Fuchs

שועל

Gazelle

איילה

Sport

ספורט

American Football
פוטבול אמריקאי
Radfahren
רכיבת אופניים
Tennis
טניס
Basketball
כדורסל
Schwimmen
שחיה
Boxen
אגרוף
Eishockey
הוקי

Fußball

כדורגל

Badminton

בדמינטון

Leichtathletik

אתלטיקה

Handball

כדור-יד

Skilaufen

עשה סקי

Polo

פולו

Aktivitäten
פעילויות

springen
קפץ
umarmen
חיבק
lachen
צחק
gehen
הלך
singen
שר
träumen
חלם
beten
התפלל
küssen
נשק

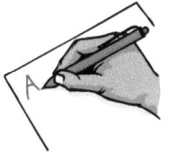

schreiben

כתב

zeichnen

צייר

zeigen

הראה

drücken

דחף

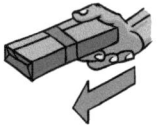

geben

נתן

nehmen

לקח

haben

יש / להיות הבעלים

tun

עשה

sein

היה

stehen

עמד

laufen

רץ

ziehen

משך

werfen

זרק

fallen

נפל

liegen

שכב

warten

חיכה

tragen

סחב

sitzen

ישב

anziehen

התלבש

schlafen

ישן

aufwachen

התעורר

ansehen

הסתכל ב-

weinen

בכה

streicheln

ליטף

kämmen

סירק

reden

דיבר

verstehen

הבין

fragen

שאל

hören

שמע

trinken

שתה

essen

אכל

aufräumen

סידר

lieben

אהב

kochen

בישל

fahren

נהג

fliegen

עף

segeln

שט

rechnen

חישב

lesen

קרא

lernen

למד

arbeiten

עבד

heiraten

התחתן

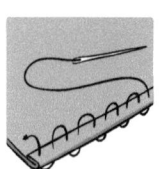

nähen

תפר

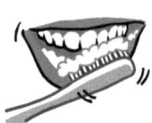

Zähne putzen

ציחצח שיניים

töten

הרג

rauchen

עישן

senden

שלח

Familie

משפחה

Großmutter
סבתא
Großvater
סבא
Vater
אבא
Mutter
אימא
Baby
תינוק
Tochter
בת
Sohn
בן

Gast

אורח

Tante

דודה

Onkel

דוד

Bruder

אח

Schwester

אחות

Körper

גוף

Stirn
מצח
Auge
עין
Schulter
כתף
Finger
אצבע
Gesicht
פנים
Kinn
סנטר
Hand
כף יד
Brust
חזה
Bein
רגל
Arm
זרוע

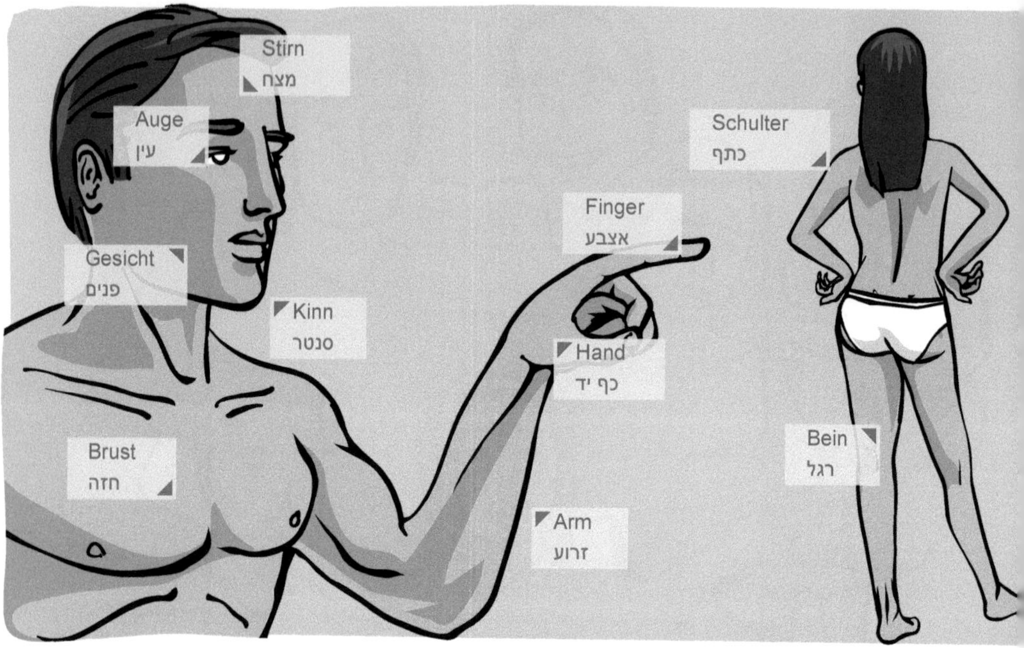

Baby

תינוק

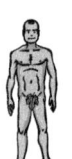

Mann

איש

Frau

אישה

Mädchen

ילדה

Junge

ילד

Kopf

ראש

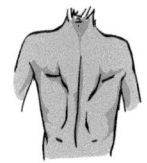

Rücken

גב

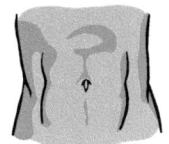

Bauch

בטן

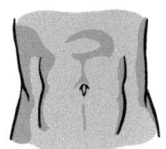

Nabel

טבור

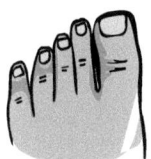

Zeh

אצבע

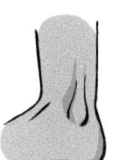

Ferse

עקב

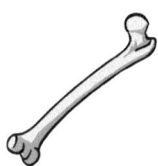

Knochen

עצם

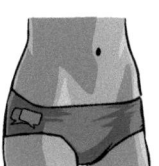

Hüfte

ירך

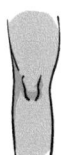

Knie

ברך

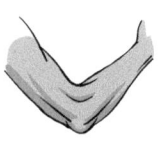

Ellenbogen

מרפק

Nase

אף

Gesäß

עכוז

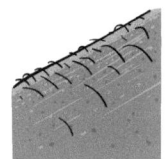

Haut

עור

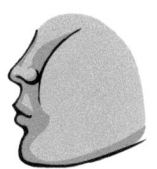

Wange

לחי

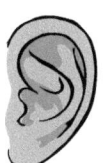

Ohr

אוזן

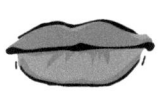

Lippe

שפתיים

Mund

פה

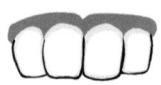

Zahn

שן

Zunge

לשון

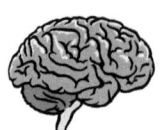

Gehirn

מוח

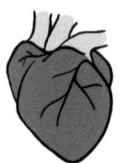

Herz

לב

Muskel

שריר

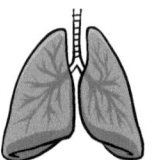

Lunge

ריאה

Leber

כבד

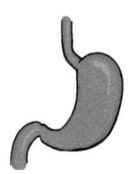

Magen

קיבה

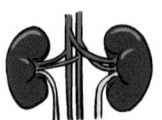

Nieren

כליות

Geschlechtsverkehr

מין

Kondom

קונדום

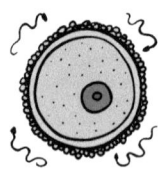

Eizelle

ביצית

Sperma

זרע

Schwangerschaft

הריון

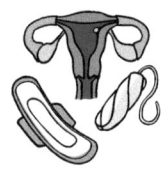

Menstruation

ווסת

Vagina

נרתיק

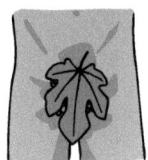

Penis

פין

Augenbraue

גבה

Haar

שיער

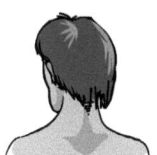

Hals

צוואר

Krankenhaus
בית חולים

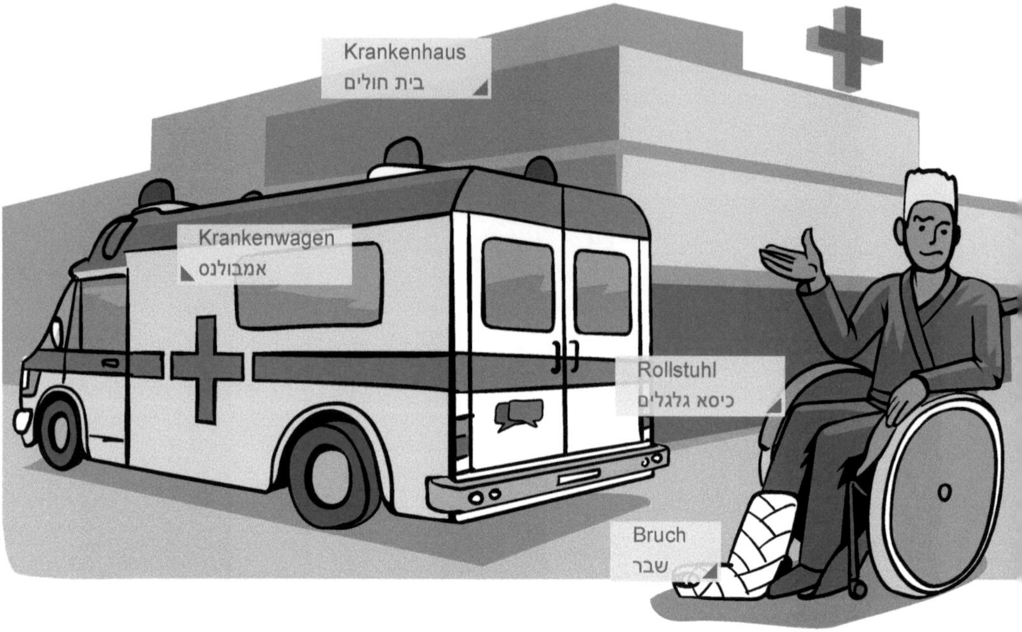

Krankenhaus
בית חולים
Krankenwagen
אמבולנס
Rollstuhl
כיסא גלגלים
Bruch
שבר

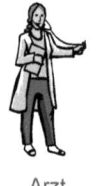

Arzt
רופא

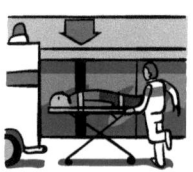

Notaufnahme
חדר מיון

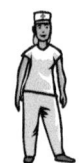

Krankenschwester
אחות

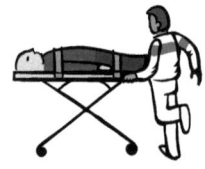

Notfall
חירום

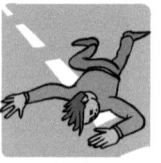

ohnmächtig
חסר הכרה

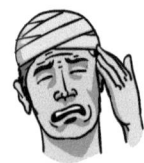

Schmerz
כאב

Verletzung

פציעה

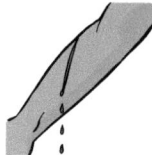

Blutung

דימום

Herzinfarkt

התקף לב

Schlaganfall

שבץ

Allergie

אלרגיה

Husten

שיעול

Fieber

חום

Grippe

שפעת

Durchfall

שלשול

Kopfschmerzen

כאב ראש

Krebs

סרטן

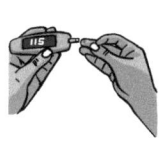

Diabetis

סוכרת

Chirurg

מנתח

Skalpell

אזמל

Operation

ניתוח

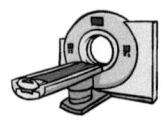

CT

סי-טי

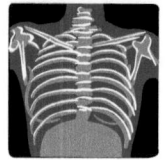

Röntgen

רנטגן

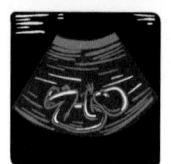

Ultraschall

אולטרסאונד

Maske

מסיכת פנים

Krankheit

מחלה

Wartezimmer

חדר המתנה

Krücke

קבה

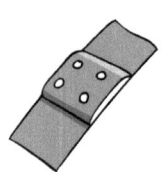

Pflaster

פלסטר

Verband

תחבושת

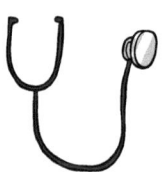

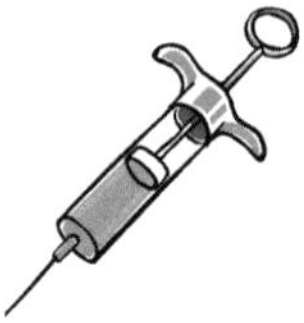

Injektion

זריקה

Stethoskop

סטטוסקופ

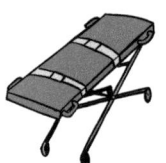

Trage

אלונקה

Thermometer

מד חום

Geburt

לידה

Übergewicht

עודף משקל

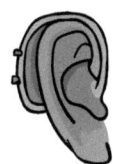

Hörgerät

מכשיר שמיעה

Desinfektionsmittel

מחטא

Infektion

זיהום

Virus

נגיף

HIV / AIDS

איידס

Medizin

תרופה

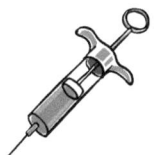

Impfung

חיסון

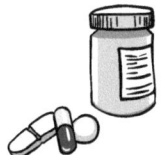

Tabletten

טבליות

Pille

גלולה

Notruf

קריאת חירום

Blutdruck-Messgerät

מד לחץ דם

krank / gesund

חולה / בריא

Notfall

חירום

Hilfe!

הצילו!

Alarm

אזעקה

Überfall

פשיטה

Angriff

תקיפה

Gefahr

סכנה

Notausgang

יציאת חירום

Feuer!

אש!

Feuerlöscher

מטף כיבוי

Unfall

תאונה

Erste-Hilfe-Koffer

ערכת עזרה ראשונה

SOS

הצילו!

Polizei

משטרה

Erde

כדור הארץ

Europa

אירופה

Nordamerika

צפון אמריקה

Südamerika

דרום אמריקה

Afrika

אפריקה

Asien

אסיה

Australien

אוסטרליה

Atlantik

האוקיינוס האטלנטי

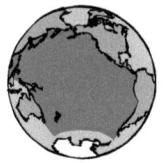

Pazifik

האוקיינוס השקט

Indischer Ozean

האוקיינוס ההודי

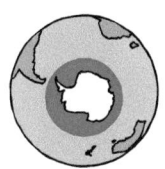

Antarktischer Ozean

האוקיינוס האנטרקטי

Arktischer Ozean

האוקיינוס הארקטי

Nordpol

הקוטב הצפוני

Südpol

הקוטב הדרומי

Antarktis

אנטארקטיקה

Erde

כדור הארץ

Land

אדמה

Meer

ים

Insel

אי

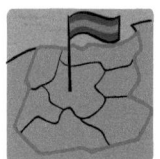

Nation

לאום

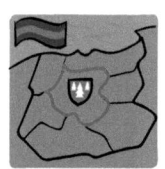

Staat

מדינה

Uhr
שעון

Zifferblatt
פני השעון

Stundenzeiger
מחוג השעות

Minutenzeiger
מחוג הדקות

Sekundenzeiger
מחוג השניות

Wie spät ist es?
מה השעה?

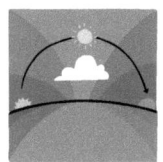

Tag
יום

Zeit
זמן

jetzt
עכשיו

Digitaluhr
שעון דיגיטלי

Minute
דקה

Stunde
שעה

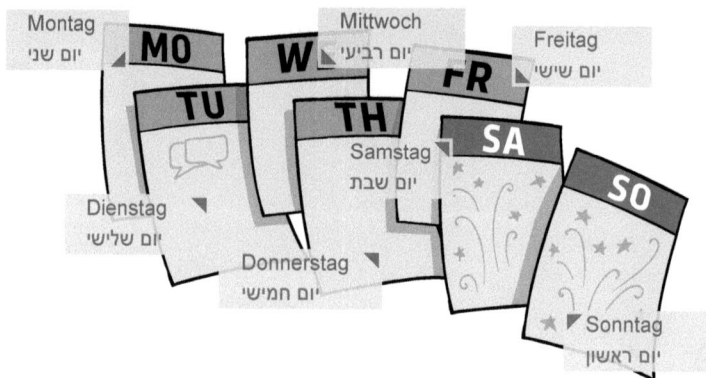

Woche

שבוע

MO
TU
W
TH
FR
SA
SO
Montag
יום שני
Dienstag
יום שלישי
Mittwoch
יום רביעי
Donnerstag
יום חמישי
Freitag
יום שישי
Samstag
יום שבת
Sonntag
יום ראשון

MON

gestern

אתמול

heute

היום

morgen

מחר

Morgen

בוקר

Mittag

צהריים

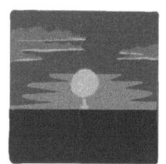

Abend

ערב

Arbeitstage

ימי עבודה

Wochenende

סוף שבוע

Jahr

שנה

Regenbogen
קשת בענן
Regen
גשם
Schnee
שלג
Wind
רוח
Frühling
אביב
Herbst
סתיו
Sommer
קיץ
Winter
חורף

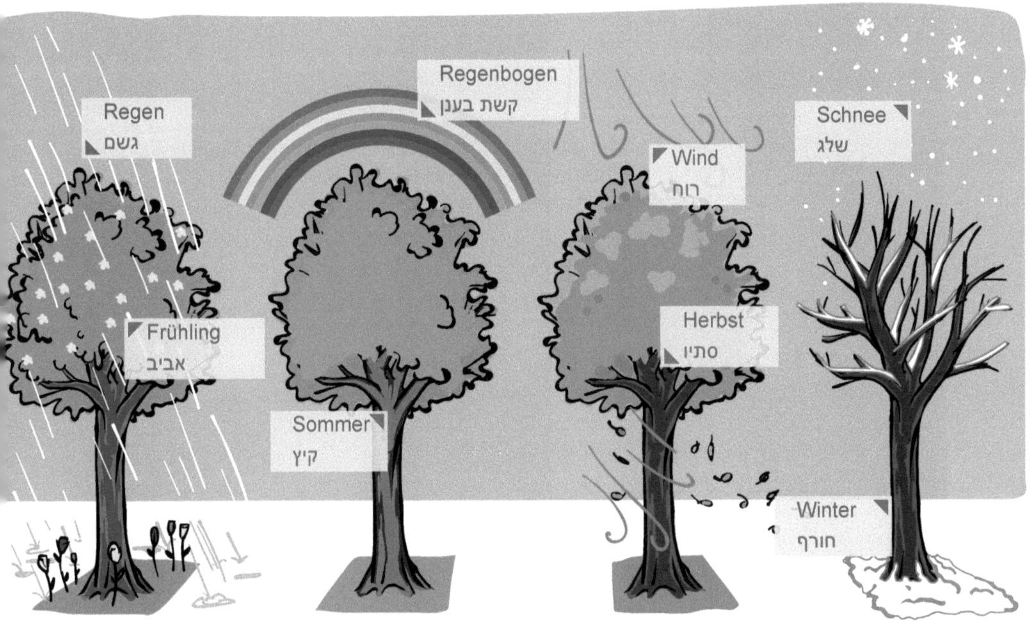

Wettervorhersage
....
תחזית מזג האוויר

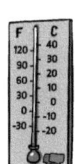

Thermometer
....
מד חום

Sonnenschein
....
אור שמש

Wolke
....
ענן

Nebel
....
ערפל

Luftfeuchtigkeit
....
לחות

Blitz

ברק

Donner

רעם

Sturm

סערה

Hagel

ברד

Monsun

רוח עונתי

Flut

שיטפון

Eis

קרח

Januar

ינואר

Februar

פברואר

März

מרץ

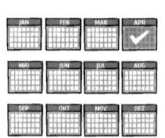

April

אפריל

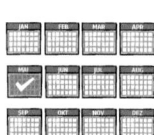

Mai

מאי

Juni

יוני

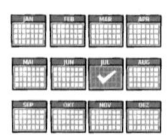

Juli

יולי

August

אוגוסט

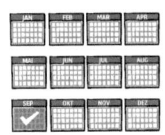

September

ספטמבר

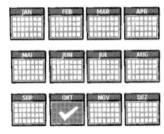

Oktober

אוקטובר

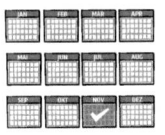

November

נובמבר

Dezember

דצמבר

Formen

צורות

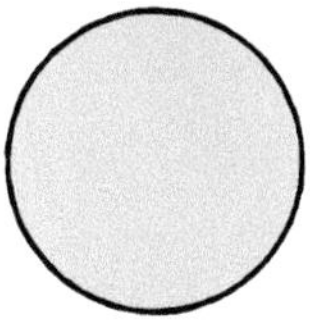

Kreis

עיגול

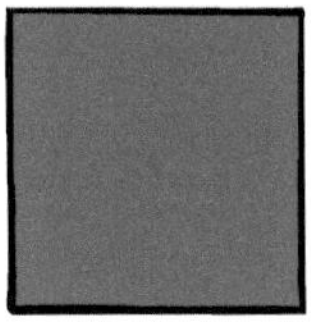

Quadrat

מרובע

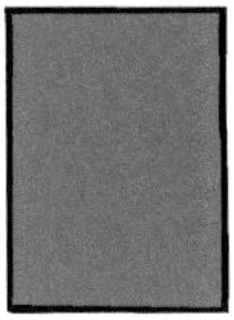

Rechteck

מלבן

Dreieck

משולש

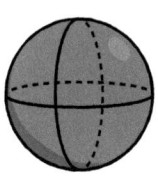

Kugel

כדור

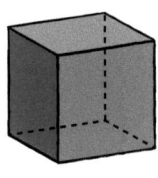

Würfel

קובייה

Farben

צבעים

weiß

....

לבן

gelb

....

צהוב

orange

....

כתום

pink

....

ורוד

rot

....

אדום

lila

....

סגול

blau

....

כחול

grün

....

ירוק

braun

....

חום

grau

....

אפור

schwarz

....

שחור

Gegenteile

הפכים

viel / wenig

הרבה / מעט

wütend / friedlich

כועס / רגוע

hübsch / hässlich

יפה / מכוער

Anfang / Ende

התחלה / סוף

groß / klein

גדול / קטן

hell / dunkel

בהיר / כהה

Bruder / Schwester

אח / אחות

sauber / schmutzig

נקי / מלוכלך

vollständig / unvollständig

שלם / חלקי

Tag / Nacht

יום /לילה

tot / lebendig

מת / חי

breit / schmal

רחב / צר

genießbar / ungenießbar

אכיל / לא אכיל

böse / freundlich

רשע / טוב לב

aufgeregt / gelangweilt

מתרגש / משועמם

dick / dünn

שמן / רזה

zuerst / zuletzt

ראשון / אחרון

Freund / Feind

חבר / אויב

voll / leer

מלא / ריק

hart / weich

קשה / רך

schwer / leicht

כבד / קל

Hunger / Durst

רעב / צמא

krank / gesund

חולה / בריא

illegal / legal

בלתי-חוקי / חוקי

intelligent / dumm

נבון / טיפש

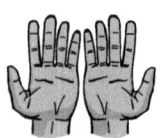

links / rechts

שמאל / ימין

nah / fern

קרוב / רחוק

neu / gebraucht

חדש / משומש

nichts / etwas

כלום / משהו

alt / jung

זקן / צעיר

an / aus

פעיל / כבוי

offen / geschlossen

פתוח / סגור

leise / laut

שקט / רועש

reich / arm

עשיר / עני

richtig / falsch

נכון / שגוי

rau / glatt

מחוספס / חלק

traurig / glücklich

עצוב / שמח

kurz / lang

קצר / ארוך

langsam / schnell

איטי / מהיר

nass / trocken

רטוב / יבש

warm / kühl

חם / קר

Krieg / Frieden

מלחמה / שלום

Zahlen
מספרים

0	1	2
null	eins	zwei
אפס	אחת	שתיים
3	4	5
drei	vier	fünf
שלוש	ארבע	חמש
6	7	8
sechs	sieben	acht
שש	שבע	שמונה
9	10	11
neun	zehn	elf
תשע	עשר	אחת-עשרה

12
zwölf

שתים-עשרה

13
dreizehn

שלוש-עשרה

14
vierzehn

ארבע-עשרה

15
fünfzehn

חמש-עשרה

16
sechzehn

שש-עשרה

17
siebzehn

שבע-עשרה

18
achtzehn

שמונה-עשרה

19
neunzehn

תשע-עשרה

20
zwanzig

עשרים

100
hundert

מאה

1.000
tausend

אלף

1.000.000
million

מיליון

Sprachen

שפות

Englisch

אנגלית

Amerikanisches Englisch

אנגלית אמריקאית

Chinesisch Mandarin

סינית מנדרינית

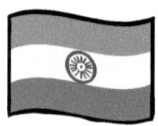

Hindi

הודית

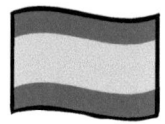

Spanisch

ספרדית

Französisch

צרפתית

Arabisch

ערבית

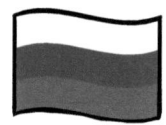

Russisch

רוסית

Portugiesisch

פורטוגזית

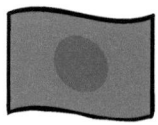

Bengalisch

בנגלית

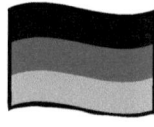

Deutsch

גרמנית

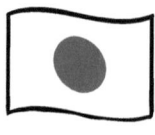

Japanisch

יפנית

wer / was / wie

מי / מה / איך

ich

אני

du

אתה / את

er / sie / es

הוא / היא / זה

wir

אנחנו

ihr

אתם

sie

הם

wer?

מי?

was?

מה?

wie?

איך?

wo?

איפה?

wann?

מתי?

Name

שם

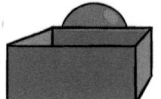

wo

איפה

hinter

מאחור

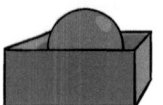

in

בתוך

vor

לפני

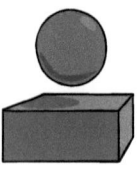

über

מעל

auf

על

unter

מתחת

neben

ליד

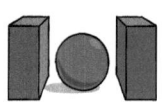

zwischen

בין

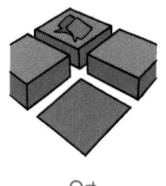

Ort

מקום